Carolin Brechtler

Der Einsatz anorganischer Chemikalien in der Nahrungs-
mittelproduktion

GRIN Verlag

Bibliografische Information der Deutschen Nationalbibliothek:

Die Deutsche Bibliothek verzeichnet diese Publikation in der Deutschen National-
bibliografie; detaillierte bibliografische Daten sind im Internet über http://dnb.d-
nb.de/ abrufbar.

Dieses Werk sowie alle darin enthaltenen einzelnen Beiträge und Abbildungen
sind urheberrechtlich geschützt. Jede Verwertung, die nicht ausdrücklich vom
Urheberrechtsschutz zugelassen ist, bedarf der vorherigen Zustimmung des Verla-
ges. Das gilt insbesondere für Vervielfältigungen, Bearbeitungen, Übersetzungen,
Mikroverfilmungen, Auswertungen durch Datenbanken und für die Einspeicherung
und Verarbeitung in elektronische Systeme. Alle Rechte, auch die des auszugsweisen
Nachdrucks, der fotomechanischen Wiedergabe (einschließlich Mikrokopie) sowie
der Auswertung durch Datenbanken oder ähnliche Einrichtungen, vorbehalten.

Impressum:

Copyright © 2011 GRIN Verlag GmbH
Druck und Bindung: Books on Demand GmbH, Norderstedt Germany
ISBN: 978-3-656-65013-3

Dieses Buch bei GRIN:

http://www.grin.com/de/e-book/273307/der-einsatz-anorganischer-chemikalien-in-
der-nahrungsmittelproduktion

GRIN - Your knowledge has value

Der GRIN Verlag publiziert seit 1998 wissenschaftliche Arbeiten von Studenten, Hochschullehrern und anderen Akademikern als eBook und gedrucktes Buch. Die Verlagswebsite www.grin.com ist die ideale Plattform zur Veröffentlichung von Hausarbeiten, Abschlussarbeiten, wissenschaftlichen Aufsätzen, Dissertationen und Fachbüchern.

Besuchen Sie uns im Internet:

http://www.grin.com/

http://www.facebook.com/grincom

http://www.twitter.com/grin_com

Anorganische Chemikalien in der Geschichte der Nahrungsmittelproduktion

Inhaltsverzeichnis

1. Einleitung

Eine Angst geht um, genauer gesagt durch die Medien: Die Lebensmittelindustrie, Landwirte, ihre Zulieferer, kurz alle Nahrungsmittelproduzenten wollen uns vergiften. So scheint es, wenn man den aktuellen Dioxinskandal[1] betrachtet. Es ist nicht der erste Lebensmittelskandal und wird nicht der letzte sein, trotzdem war das nicht immer so. Vielen Verbrauchern scheint es angesichts von Dioxin und Co., als hätte sich die Welt in den letzten Jahrzehnten drastisch verändert. Früher war alles besser, die Kuh glücklich, der Bauer ehrlich und Chemie gab es damals noch gar nicht. Doch das ist ein Trugschluss, die Tradition der beabsichtigten und versehentlichen Nahrungsmittelverfälschung mit Chemikalien ist lang und vielfältig. So vielfältig, dass ich mich in der vorliegenden Arbeit nur mit einem kleinen Teil der chemischen Substanzen in unserer Nahrung beschäftigen möchte, den anorganischen Stoffen aus dem Bergbau, besonders den Schwermetallen. Wie kommen diese Stoffe aus Montan- und Hüttenindustrie in Lebensmittel und welche Auswirkungen haben sie auf die Gesundheit? Hierbei interessiert mich besonders der Vergleich von früher zu heute. War früher wirklich alles besser?

Durch den Entwicklungssprung der Chemie im Europa des 18. und 19. Jahrhunderts wurden besonders in der Fachliteratur dieser Zeit Forschungsfortschritte und Erkenntnisse ausführlich dargelegt und erklärt. Es bietet sich also an, einen Schwerpunkt meiner Darstellungen im 19. Jahrhundert anzusiedeln, aufgebaut auf den Büchern der Mediziner Carl Fromherz und Herman Klencke, die sich beide mit dem gleichen Thema beschäftigen wie diese Arbeit. Ein weiterer zeitlicher Schwerpunkt ist in den 1970er und -80er Jahren. Zu dieser Zeit erwachte in Deutschland ein neues Umweltbewusstsein und eine neue Wahrnehmung für die Gefahren

---

1 Februar 2011

von Chemikalien. Wie ein Ruck ging die Erkenntnis durch die Gesellschaft, dass die Natur nicht alle Verschmutzung von selbst beseitigen kann. Aus dieser Zeit stammen darum auch zwei weitere wichtige Quellen dieser Arbeit von Wolfdietrich Eichler und Ulrich Rüdt, die mit ihren Büchern die breite Öffentlichkeit über Lebensmittelsicherheit aufklären möchten und diese Phase des Umdenkens repräsentieren. Da seither keine weiteren großen Sprünge mehr erfolgt sind, fällt der Blick auf die Gegenwart kürzer aus. Hier soll der Vollständigkeit halber der aktuelle Status Quo in der Europäischen Union (EU) gezeigt werden.

Auch wenn die hier untersuchten Substanzen in übersichtlicher Anzahl sind, habe ich mich dazu entschieden, die Kapitel dieser Arbeit nach Arbeitsschritten zu ordnen. So kann es beispielsweise vorkommen, dass das Schwermetall Blei in jedem Kapitel erwähnt wird, weil es erschreckend viel Anwendung dafür gab und gibt. Diese Ordnung erschien mir am sinnvollsten, stellt sie doch den Weg unserer Nahrungsmittel nach und verdeutlicht, wie wenig unsere westliche Ernährungsweise mit Natürlichkeit zu tun hat.

Daraus entstanden folgende Kapitel:

Belastung durch intensive Landwirtschaft. In diesem Kapitel soll gezeigt werden, wie die Erfindung des Kunstdüngers und der Pflanzenschutzmittel die Lebensmittelqualität verändert hat und den Verbraucherschutz bis heute auf Trab hält.

Beabsichtigte Lebensmittelzusatzstoffe. Hier wird an intensiver Quellenarbeit dargelegt, wie schockiert Mediziner bereits im 19. Jahrhundert von Chemikalien in Nahrungsmitteln waren. In diesem Kapitel dürfen natürlich die modernen E-Nummern nicht fehlen, wenn auch nicht weiter darauf eingegangen wird.

Kontamination nach der Produktion. Nachdem Lebensmittel fertig aus ihren Produktionsstätten geliefert werden, ist die Kontaminationsgefahr noch nicht gebannt. Verpackungen und Transportwege werden hier kritisch betrachtet und auch im Haushalt werden einige Gefahrenquellen aufgedeckt.

2. Belastung durch intensive Landwirtschaft

Es gibt unzählige Wege, wie Giftstoffe schon vor der Ernte in Lebensmittel- oder Futtermittelpflanzen gelangen können. Ein natürlicher Weg der Kontamination wäre zum Beispiel die Verwendung von Wasser zur Bewässerung, das vorher durch erzhaltiges Gestein geflossen ist[2]. Die Erze lösen sich mit der Zeit heraus und verunreinigen das Wasser, im schlimmsten Fall mit Schwermetallen, radioaktiven [3] oder toxischen Substanzen, die von Pflanzen unterschiedlich stark aufgenommen werden. Allein schon diese Problematik wurde von Menschen seit der frühen Neuzeit verschärft, indem sie Erze im großen Stil abbauten und sich stark belastetes Grubenwasser mit dem sonst weitgehend „sauberen" Grundwasser vermischen konnte [4] , was die Trinkwassersituation verschärfte, die bis heute problematisch ist[5]. Könnte man diese Verunreinigung und daraus folgende Kontamination noch als Versehen bezeichnen, ist das aktive Ausbringen von Giftstoffen in Dünge- und Pflanzenschutzmitteln auf Felder zumindest als fahrlässige Gefährdung zu beurteilen.

---

2 **Rüdt**, Ulrich: Essen wir Gift? - Verbraucherschutz durch Lebensmittelüberwachung. Stuttgart 1978, S.33
3 www.foodwatch.de (28.01.2011), Die Verbraucherschutz-Organisation Foodwatch prangert erhöhte Uranbelastung von Trinkwasser an.
4 Erkenntnis aus einer Exkursion nach Freiberg und ausführlichen Besichtigungen von Bergwerken und Entwässerungsanlagen 2009
5 **Eichler**, Wolfgang: Gift in unserer Nahrung – Die Brisanz der Umweltgifte in Nahrungsketten. Greven 1982, S.116: „Von den Giften, die der menschliche Körper regelmäßig aufnimmt stammen […] 10% aus dem Wasser"

Handelsdünger, früher als Kunstdünger bezeichnet[6], war einer der großen Fortschritte der Landwirtschaft im 19. Jahrhundert, als Justus von Liebig erkannte, dass Pflanzen Dünger besser aufnehmen, wenn dieser reine Mineralstoffe enthielt[7]. Durch seinen Gebrauch ließen sich größere Erträge einfahren und mehr Menschen ernähren. „Einige wichtige Elemente in einem solchen mineralischen Dünger sind Eisen, Calcium, Magnesium, Phosphor, Schwefel und Stickstoff."[8] Hier interessiert besonders der Stickstoffdünger wegen der Folgen, die er für die menschlichen Gesundheit haben kann[9]. Stickstoffdünger bestehen zum Großteil aus Kalium- oder Natriumnitraten, „Salze der Salpetersäure[10]"[11]. Zu Nitraten beziehungsweise dem im 19. Jahrhundert neuen künstlichen Importprodukt Chilisalpeter[12] schreibt Hermann Klencke 1858: „Dasselbe besteht, nicht wie unser gewöhnlicher Salpeter, (Kali nitricum) aus salpetersaurem Kali[13], sondern aus salpetersaurem Natron[14] und wird, da es bedeutend billiger, als Kalisalpeter ist, zur fabrikmäßigen Darstellung von Salpetersäure und salpetersauren Salzen verwendet."[15] Klencke geht hier explizit auf die ökonomischen Vorteile neuer künstlicher Stickstoffquellen als Düngemittel ein gegenüber alten natürlichen Nitrat-

---

6 Ebd., S.84f.: Eichler behauptet hier, dass die Umbenennung von Kunstdünger in Handelsdünger ein strategischer Schachzug der chemischen Industrie war, um das gesunde Misstrauen der Landwirte und Verbraucher zu beruhigen.
7 Nach Rüdt 1978 S.28
8 Ebd.
9 Auch die Folgen für Umwelt und besonders Wasser sind interessant, doch darauf kann hier nicht eingegangen werden.
10 Salpetersäure ist der Trivialname von Hydrogennitrat. Nach www.wikipedia.de (05.02.2011)
11 **Kuhnert**, Peter u.a.: Lexikon Lebensmittelzusatzstoffe – Zusatzstoffe, Enzyme, technische Hilfsstoffe, Nahrungsergänzungsstoffe. Hamburg 2010, S.205
12 Laut **Klencke**, Hermann: Die Verfälschung der Nahrungsmittel und Getränke, der Kolonialwaren, Droguen und Manufacte, der gewerblichen und landwirtschaftlichen Produkte. Leipzig 1858, S.599 kommt der Name Chili von den Abbaustätten in Amerika, vermutlich ist Chile gemeint. Salpeter ist der Trivialname für Nitrate. Nach www.wikipedia.de (05.02.2011)
13 Salpetersaures Kali ist der alte Trivialname von Kalisalpeter beziehungsweise Kaliumnitrat. Nach www.wikipedia.de (05.02.2011)
14 Salpetersaures Natron wird auch Natronsalpeter oder Natriumnitrat genannt. Nach www.wikipedia.de (05.02.2011)
15 Aus Klencke 1858 S.599

oder Salpeterquellen, nämlich teurem südamerikanischem Guano [16],
sonstigen Exkrementen oder Kadavern.

Nitrat selbst ist in üblichen Mengen nicht schädlich für den menschlichen
Organismus, er bildet es teilweise sogar selbst und kann damit gut
umgehen[17]. Das Problem liegt in der Dosis. Der ungewohnte Umgang mit
dem neuen Dünger, verleitete die Landwirte des 19. Jahrhunderts zu einer
wenig überraschenden „Viel hilft viel-Mentalität" und sie überdüngten
ihre Felder, um den Ertrag zu steigern, obwohl die Qualität ihrer Produkte
schon sichtbar litt: „so können Kohlköpfe zum Beispiel weich werden"[18].
Nitrat reichert sich besonders in Blatt- und Wurzelgemüse an,
beispielsweise in Spinat. Die größere Gefahr von Nitraten liegt aber in
ihrem Reduktionsprodukt Nitrit. Bakterien reduzieren Nitrat entweder
schon im Boden oder in warmen Speiseresten zu Nitrit[19]. Auch der
menschliche Körper reduziert Nitrat zu Nitrit[20]. Nitrit ist giftig und
verursacht die Umwandlung des roten Blutfarbstoffs Hämoglobin in
Methämoglobin, das nicht mehr in der Lage ist, Sauerstoff zu
transportieren[21]. Durch nitratreduzierende Bakterien in Spinatgerichten
oder nitratverunreinigtes Trinkwasser starben im Deutschland der 1950er
und 60er mehrere Kleinkinder an einer Methämoglobinämie[22]. Eine andere,
ebenso gefährliche Düngersorte sind Phosphatdünger. Die Gefahr geht
hier allerdings nicht vom Phosphat aus, sondern von Verunreinigungen
mit Cadmium[23.]Dieses Schwermetall findet man außerdem traditionell in
der Nähe von alten Zinkhütten im Bewässerungs- und Grundwasser.

---

16 Vogelmist mit schwankendem Nitratanteil.
17 Diehl, Johannes Friedrich: Chemie der Lebensmittel – Rückstände, Verunreinigungen, Inhalts-
und Zusatzstoffe. Weinheim 2000, S.148
18 Aus Rüdt 1978 S.28
19 Ebd., S.28
20 Nach Diehl 2000 S.151
21 Ebd., S.150
22 Ebd., S.153
23 Nau, Heinz u.a.: Lebensmitteltoxikologie – Rückstände und Kontaminanten: Risiken und
Verbraucherschutz. Berlin, Wien 2003, S.111 und www.bmelv.de (05.02.2011)

Cadmium tritt natürlich mit Zink auf und konnte lange nicht vollständig abgetrennt werden. „Eine exzessive orale Aufnahme von Cadmium ist bislang in Japan beobachtet worden. Dort wurde erstmals 1946 von der sog. Itai-Itai-Krankheit berichtet, die nach dem Verzehr von hochgradig belastetem Reis auftrat."[24] Die Betroffenen erlitten schmerzhafte Nieren- und Knochenschäden, verursacht durch die Bewässerung ihrer Reisfelder. Das Wasser war durch ein Zinkbergwerk geflossen.[25]

Doch auch klassische Formen von Düngern mit Kompost oder Klärschlamm können Risiken mit sich bringen. „Die Kompostierung organischer Abfälle aus Ballungsgebieten kann zu einer Bleianreicherung auf mehrere 100ppm führen. Und dänischer Klärschlamm erreichte gar 4700 ppm Pb"[26]. Blei ist, ebenso wie Cadmium, ein Schwermetall und giftig, darum ist eine Kontamination von Feldern mit Blei zu vermeiden, dennoch geht die größte Gefahr von freiem Bleistaub in der Luft aus und der lässt sich durch Waschen der Früchte leicht entfernen.[27]

Es gibt viele Gefahren für Feldfrüchte. Vor dem Wetter können Landwirte ihre Felder nicht schützen doch gegen Krankheiten und Schädlinge hat ihnen die Chemieindustrie einige „Waffen" an die Hand gegeben. Insektizide töten oder schrecken Krabbeltiere ab. Fungizide wirken gegen Pilzbefall und damit auch gegen das gefürchtete Mutterkorn. Herbizide vernichten Unkraut. Rodentizide schrecken Nagetiere ab. Moluskizide verhindern Schneckenbefall.[28] Es existieren noch viele weitere Kategorien von Pflanzenschutzmitteln gegen viele weitere Gefahren und sogar „Mittel zur Steuerung biologischer Prozesse"[29] neueren Datums, die aktiv

---

24 Ebd., S.114
25 Nach Diehl 2000 S.111
26 Aus Eichler 1982 S.51, diese Zahlen beziehen sich auf die frühen 1980er Jahre
27 Nach Diehl 2000 S.97 und **Vreden**, Norbert u.a.: Lebensmittelführer – Inhalte, Zusätze, Rückstände. Weinheim 2008, S.108
28 Aufzählung nach **Macholz**, Rainer (Hg.) u.a.: Lebensmitteltoxikologie. Berlin 1989, S.317
29 Ebd., S.363

in Keimungsverhalten, Wachstum und Stabilität eingreifen[30]. Diese riesige Anzahl von Chemikalien wird heutzutage vom Bundesministerium für Verbraucherschutz und Landwirtschaft (BVL) kontrolliert und zugelassen. Das BVL prüft Pflanzenschutzmittel auf Gefahren für Umwelt und Verbraucher und legt Grenzwerte und Karrenzzeiten, die „Wartezeit zwischen der letzten Anwendung und der Ernte"[31], fest. Noch heute ist die Liste der zugelassenen Substanzen lang und voller giftiger Substanzen[32]. Viele sind im Lauf der letzten 20 bis 100 Jahre verboten worden, weil sie Schwermetalle enthielten. Im 20. Jahrhundert wurden Arsenate[33] noch als Pflanzenschutzmittel verwendet, lösten jedoch den sogenannten „Winzerkrebs" aus. Interessant daran ist, dass organisches Arsen weniger giftig ist als anorganische Arsenate und Arsenite[34], ganz im Gegensatz zur Toxizität von Quecksilber.[35] Das wurde noch bis in die späten 1970er Jahre als Schädlingsbekämpfungsmittel in Form von Saatgutbeize verwendet.[36] Ein besonders geeignetes Fungizid ist das anorganische Methylquecksilber, das zwar extrem giftig aber auch sehr stabil ist, es hält sich über Jahre in der Nahrungskette und wird immer mehr angereichert[37]. „Heute ist seine Verwendung stark eingeschränkt."[38]

Sämtliche Schwermetalle, wie Blei, Arsen und Quecksilber, waren bereits im 19. Jahrhundert für ihre hohe Toxizität bekannt: „Physiologisch aufgefasst sind die meisten Metalle dem menschlichen Organismus und Leben fremd und feindlich[...]. Die fremdartigen Metalle sind toxicologisch aufgefasst mehr oder minder sehr giftig und

---

30 Ebd., S.364
31 Aus Eichler 1982 S.110
32 Unter www.bvl.bund.de (01.12.2010) befindet sich eine Datenbank der derzeit zugelassenen
   1196 Pflanzenschutzmittel. Schwermetalle sind nicht mehr unter den Wirkstoffen.
33 Arsenate sind Salze der Arsensäure. Nach www.wikipedia.de (05.02.2011)
34 Arsenite sind arsenige Säuren. Nach www.wikipedia.de (05.02.2011)
35 Nach Diehl 2000 S.120
36 Nach Rüedt 1978 S.39
37 Nach Eichler 1982 S.19ff.
38 Aus www.bmelv.de (05.02.2011)

lebenszerstörend."[39]. Dieses Zitat stammt aus Dr. Werbers „Lehrbuch der speciellen Heilmittellehre" aus dem Jahr 1868. Werber stellt in diesen einführenden Zeilen über Schwermetalle klar, dass diese Stoffe lebensgefährlich sein können, beschreibt aber auf den folgenden Seiten, wie Quecksilber[40], Blei[41], Arsen[42] und weitere giftige Stoffe in gewisser Dosierung zu medizinischen Zwecken eingesetzt werden[43]. Zu dieser Zeit wurden Schwermetalle bereits in der Landwirtschaft eingesetzt und waren durch chemische Verfahren nachweisbar. Aus der Lektüre Werbers lässt sich also der Schluss ziehen, dass im 19. Jahrhundert die Gefährlichkeit von Schwermetallen für den Organismus durchaus bekannt waren, dass aber, wie so oft, die Dosis das Gift mache und geringe Dosierungen sogar gesundheitlich förderlich seien. Über Arsen in kontinuierlich steigender Gabe schreibt Werber: „sie fangen mit kleinen Gaben an und steigen allmälig bis gegen 5 Gran auf einmal; der Arsenik[44] wurde im Harn nachgewiesen; die Menschen werden blühend und munter, nehmen an Gewicht zu, werden alt dabei; doch müssen sie fortfahren mit den Genuss, wenn sie ihn angewöhnt haben, sonst fallen sie ab."[45] Hierbei handelt es sich um ein beabsichtigtes Experiment, das Werber positiv bewertet. Im Gegensatz dazu beschreibt er aber auch ungewollte Vergiftungen, zum Beispiel durch Quecksilber, bestimmter Berufsgruppen durchaus negativ: „Das Quecksilber zählt zu den Giften [...] Quecksilberdämpfe durchdringen die Haut und die Schleimhaut der Lunge, gelangen ins Blutsystem und durch dieses zu dem Nervensystem,

---

39 **Werber**, Dr. W.J.A.: Lehrbuch der speciellen Heilmittellehre – für Vorlesungen und Selbststudium. Erlangen 1868, S.2
40 Ebd., S.2ff.
41 Ebd., S.41ff.
42 Ebd., S.46ff.
43 Was übrigens auch heute noch der Fall ist, wenn auch anders. So wird heutigen Totimpfstoffen Quecksilber zugefügt, um eine Immunreaktion zu garantieren. [Aus einem Gespräch mit einem Mediziner]
44 Arsenik ist der Trivialname des Arsen(III)-oxids. Nach www.wikipedia.de (05.02.2011)
45 Aus Werber 1868 S.46f.

erzeugen Speichelfluss, Verschwärung des Zahnfleisches, Zittern, Convulsionen, Lehmungen etc., wie dieses beobachtet wird bei Arbeitern in Quecksilberminen, bei Spiegelfabrikarbeitern, Vergoldern, Barometerfabrikanten, in Krankenzimmern, wo Schmierkuren angewendet werden."[46]. Werber geht sehr ausführlich auf alle möglichen Formen der Vergiftung durch Schwermetalle ein, jedoch nicht auf Kontamination durch behandelte Lebensmittel, nirgends. Daraus lässt sich schließen, dass die Gefahren zwar bekannt, aber möglicherweise unterschätzt wurden.

3. Beabsichtigte Lebensmittelzusatzstoffe

In einer urbanisierten und industrialisierten Gesellschaft wie der europäischen, ist der Umweg der Lebensmittel über die Produktionsstätte nicht ungewöhnlich. Nicht alle Menschen können und wollen sich selbst verpflegen und greifen auf verarbeitete Lebensmittel aus Lebensmittelgeschäften zurück. Bis dahin wurden den Lebensmitteln im Zuge der Weiterverarbeitung unterschiedliche Stoffe hinzugefügt.

3.1 Zusatzstoffe heute

Geprüfte Zusatzstoffe, die heute in der EU zugelassen sind, werden unter den sogenannten E-Nummern aufgelistet und müssen ab einer bestimmen Menge im Produkt angegeben werden. Allerdings ist eine EU-Zulassung keine Garantie auf Unbedenklichkeit. Viele Substanzen, wie beispielsweise Borax sind erwiesenermaßen gesundheitsschädlich und dürfen nur unter bestimmten Auflagen und in geringen Mengen verwendet werden. Einige Beispiele von anorganischen chemischen Zusatzstoffen, die ursprünglich aus Montan- und Hüttenindustrie stammen, sind unvollständig in der unten stehenden Tabelle aufgelistet.

---

46 Ebd., S.3

11

E-Nummer / INS-Nummer [47]	Verehrsbezeichnung	Wirkung, Klasse	Erläuterung
E 171	Titanoxid	Farbstoff	Sehr stabiles weißes Farbpigment[48]
E 173	Aluminium	Farbstoff	Metallpigmente färben Dragee-Oberflächen silbergrau[49]
E 174	Silber	Farbstoff Konservierungsstoff Entkeimungsmittel	Metallpigmente zur Färbung; Silberionen zur Entkeimung sind umstritten aber gängig[50]
E 175	Gold	Farbstoff	Metallpigmente zur Verzierung[51]
E 249 E 250	Kaliumnitrit, Natriumnitrit	Konservierungsmittel Farbstabilisator	Nitrit ist umstritten und darf nur mit Kochsalz zu Nitritpökelsalz in Lebensmittelbetrieben gelagert und verwendet werden,[52] da es früher versehentlich überdosiert wurde[53]

---

47 „INS" steht für das International Numbering System des Codex Alimentarius. Hier sind alle Lebensmittelzusatzstoffe aufgelistet. Erst wenn ein Zusatzstoff für die Verwendung in der EU geprüft und zugelassen ist, erhält er auch eine E-Nummer. Die Ziffern bleiben danach die selben. Nach www.zusatzstoffmuseum.de (28.01.2011)
48 Nach Kuhnert 2010 S.286
49 Ebd., S.12
50 Ebd., S.263f. Und **Souci**, S. Walter u.a.: Fremdstoffe in Lebensmitteln – Mit besonderer Berücksichtigung der Konservierung. München 1958, S.31
51 Nach Kuhnert 2010 S.122
52 Ebd., S.206
53 Nach Diehl 2000 S.150

E 251 E 252	Natriumnitrat, Kaliumnitrat (Salpeter)	Konservierungs- mittel Farbstabilisator	Wird in Pökelfleisch und Hartkäse verwendet[54], „Die Toxicität von Nitrit erscheint in den angewandten Mengen nicht unbedenklich"[55]
E 285	Natriumtetra-borat (Borax)	Konservierungs- mittel	Weil sich Borsäure im Körper anreichert und giftig ist[56], wird sie heute nur noch in Kaviar verwendet. Dieser wird nur in geringen Mengen verzehrt[57]
INS 519	Kupfersulfat	Farbstabilisator Konservierungs- stoff	Verhindert den Weifehler „Böckser"[58]
E 520 E 521	Aluminiumsulfate (Alaune)	Festigungsmittel Texturiermittel Säure Säureregulator Stabilisator	Vorbereitung von Eiklar, Festigung von essbaren Kunstdärmen aus Rinderspalthäuten, Versiegelung von Obst, Reinigung von Trinkwasser[59], aber auch Gerbstoff
E 579 E 585	Eisen(II)-gluconat, Eisen(II)-lactat	Farbstabilisator Bleichmittel	Macht unreife grüne Oliven schwarz, die müssen dann als „geschwärzt" bezeichn et werden[60]

54 Nach Kuhnert 2010 S.205f.
55 Aus Souci 1958 S.34
56 Ebd., S.22f.
57 Nach Kuhnert 2010 S.38
58 Ebd., S.164
59 Ebd., S.14, S.273
60 Ebd., S.76

3.2 Forschungen über Nahrungsverfälschung im 19. Jahrhundert

Im vorletzten Jahrhundert war die Chemie soweit fortgeschritten um Nahrungsmittel chemisch zu verändern und diese Veränderungen nachzuweisen. Natürlich gab es bereits vorher und gibt es bis heute kriminelle Nahrungsverfälschung. Jedoch ist die Quellenlage im 19. Jahrhundert ausreichend, um hier einen Schwerpunkt zu setzen. Zu diesem Zweck werden hier besonders zwei Bücher näher beleuchtet. Das „Lehrbuch der medizinischen Chemie" aus dem Jahr 1836 von Carl Fromherz und „Die Verfälschung von Nahrungsmitteln und Getränke" von Herman Klencke 1858, das bereits oben zum Thema Kunstdünger zitiert wurde. Beide Werke liefern nicht nur eine Auflistung von unterschiedlichsten Verfälschungen von Lebens- und Genussmitteln, sondern auch die nötigen chemischen Verfahren, um eine solche Verfälschung aufzudecken. Diese Verfahren werden hier jedoch nicht weiter berücksichtigt.

Das Grundnahrungsmittel Brot ist besonders häufig von kriminellen Verfälschungen betroffen. Diese beginnen bereits bei einer unsachgemäßen Bearbeitung des Mehls. „ Wenn das Korn mit schlechten, zu weichen Mühlsteinen gemahlen wird, so mischt sich dem Mehl bisweilen eine nicht unbedeutende Menge von Sand bei." [61] Diese Verunreinigung ist zwar schlecht für die Zähne, jedoch nicht weiter gefährlich für Leib und Leben des Endverbrauchers und zeigt auch eher die Nachlässigkeit des Müllers, als kriminelle Energie. Anders sind da die Vorgehensweisen der Bäcker, denen Fromherz weiter auf den Grund geht. Noch relativ harmlos ist das Strecken des Mehls mit „Kreide, mit Gips, Knochenasche, kohlensaurer Bittererde, weissem, feinen Thon und ähnlichen weißen Pulvern mit einem Alkali oder einer Erde als

---

[61] **Fromherz**, Carl: Lehrbuch der medizinischen Chemie – zum Gebrauche bei Vorlesungen, für praktische Aerzte und Apotheker. Freiburg 1836, S.444

Hauptbestandteil"[62]. Weitaus schlimmer empfindet Fromherz die Verfälschung mit „Bleiweisse[63] oder basisch salpetersaurem Wismuth[64] – Ich würde diese kaum glaublichen Verfälschungen nicht anführen, wenn sie nicht von mehreren Schriftstellern erwähnt würden."[65] Des weiteren zählt er Alaun[66] und einige pflanzliche Stoffe auf, die in das Mehl gemischt werden und die er für weitaus häufiger hält: „Alaun – Ein Zusatz dieses Salzes zum Teige macht das Brod auffallend weisser und zugleich lockerer, befördert das Aufgehen des Teiges [...] Da durch Alaun der beabsichtigte Zweck so vollkommen erreicht wird, so lässt sich schliessen, dass diese Beimischung keine seltene sein werde [...] Obwohl nun so kleine Mengen von Alaun, wie sie dem Brodteig zugesetzt werden, im Allgemeinen keine nachtheilige Wirkung auf die Gesundheit ausüben dürften, so kann doch der anhaltende tägliche Genuss eines solchen Brodes [...] Verstopfung zur Folge haben. Die Beimischung dieses Salzes darf daher nicht geduldet werden"[67]. Sein Urteil über die Beimischung von Alaun ist geradezu gnädig im Vergleich mit dem über „Schwefelsaures Kupferoxyd. (Kupfervitriol. Blauer Vitriol[68]) [...] er [Anmerkung: der Teig] hält mehr Wasser zurück und das Brod wird verhältnissmässig schwerer, endlich ist es nicht nöthig Sauerteig zuzusetzen. - Der Gewinn durch Anwendung von Kupfer-Vitriol soll im Durchschnitt 27 Procent betragen. - Diese Vortheile sind lokend genug, um gewissenlose oder mit der giftigen Wirkung des schwefelsauren Kupferoxyds unbekannte Bäker zu jener Verfälschung zu verleiten"[69]. Fromherz ist entsetzt und appeliert an das Gewissen der

---

62 Ebd., S.444
63 Bleiweiß ist der veraltete Trivialname des Bleicarbonat. Nach www.wikipedia.de (05.02.2011)
64 Salpetersaurer Wismut ist vermutlich Bismutnitrat.
65 Aus Fromherz 1836 S.445
66 Alaune sind Aluminiumsulfate und auch heute noch als E 520 und E 521 im Einsatz (s.o.)
67 Aus Fromherz 1836 S.449f.
68 Vitriole sind Sulfate also Salze. Nach www.wikipedia.de (05.02.2011)
69 Aus Fromherz 1836 S.451f.

Lebensmittelhersteller. Des weiteren zählt er schwefelsaures Zinkoxyd oder Zink-Vitriol[70], Kohlensaure Bittererde[71], und allerhand weitere Zusätze auf, die jedoch nicht eindeutig der Montanindustrie zugeordnet werden können. Fromherz nächstes Thema sind die Gewürze. Hier fasst er sich kürzer und gibt sich weniger emotional, statt dessen zählt er einfach auf: Kapern werden mit giftigem „essigsaurem Kupferoxyd"[72] gefärbt, löchriger Ingwer mit Lehm und Kreide geschönt, Spanischer Pfeffer mit „rotem Bleioxyd"[73] gefärbt und Kochsalz mit anderen, auch giftigen, Salzen gestreckt[74]. Auch die „Butter findet man nicht ganz selten durch verschiedene Beimischungen verfälscht. Einige derselben geschehen in der Absicht, der Butter ein schöneres Aussehen, eine lebhaftere gelbe Farbe, zu geben. Sind solche Zusätze unschädliche Substanzen, wie z.B. der Saft von gelben Rüben, so haben sie natürlich wenig zu sagen."[75] Fromherz bezieht klar Stellung. Er möchte sich nur mit gefährlichen chemischen Zusätzen beschäftigen und benennt diese auch für Butter. Er erwähnt chromsaures Kali[76], Kreide, Gips und weißen Ton[77] und verweist auf ihm zugetragene Berichte: „Mehrere Beobachter geben an, dass auch schon mit Bleiweiss gemengte Butter vorgekommen sei"[78] und nennt diese Verfälschung abscheulich[79]. Auch Getränke kommen in seinen Erklärungen nicht zu kurz. „Nach ACCUM sollen in England jungem Biere kleine Quantitäten von Schwefelsäure und von Alaun zugesetzt werden, um ihm den Geschmak von altem Lagerbier zu geben […] Sauer

---

70 Ebd., S.454
71 Ebd., S.455
72 Essigsaures Kupferoxid wird auch Schweinfurter Grün genannt, dabei handelt es sich um Kupfer(II)-arsenitacetat. Nach www.wikipedia.de (05.02.2011)
73 Vermutlich ist mit roten Bleioxid Blei(II,IV)-oxid gemeint, auch bekannt unter dem Trivialnamen Mennige Nach www.wikipedia.de (05.02.2011)
74 Nach Fromherz 1836 S.457ff.
75 Ebd., S.466
76 Ebd., S.466f.
77 Ebd., S.468
78 Ebd., S.467
79 Ebd., S.467

gewordenes Bier suchen die Brauer bisweilen durch Zusatz von Potasche[80], Asche oder kohlensauren Kalk[81] wieder trinkbar zu machen. Endlich werden zur Verbesserung des Geschmaks [...] dem Bier so mancherlei zum Theil widersinnige Beimischungen gemacht [...] Um das Bier stark schäumend zu machen, setzen ihm englische Brauer, nach ACCUM, ein Gemisch von Alaun und Eisenvitriol, manchmal noch mit Kochsalz zu."[82] Dass es hauptsächlich englische Brauer sind, denen er in dieser Auflistung Verfälschungen nachsagt, hat nichts mit dem Reinheitsgebot der deutschen Brauer zu tun, sie bevorzugen einfach pflanzliche Substanzen zur Verfälschung[83]. Beim Thema Wein bezieht sich Fromherz hauptsächlich auf das Kapitel über Bier, bringt jedoch eine wichtige Eigenheit aus der Vergangenheit an, die zu solcher Berühmtheit gekommen ist, dass seine Aufzählung ohne diese, schon damals veraltete Methode, unvollständig wäre: „In früheren Zeiten geschah es leider nicht selten, dass man durch Zusatz von Bleiglätte[84], oder Blei-Zuker[85] sauren Weinen einen süsslichen Geschmak zu geben, und trübe weisse Weine zu klären suchte. Jetzt ist die Schädlichkeit dieser Beimischung so allgemein bekannt, und Jeder, der allenfalls gewissenlos genug wäre sich derselben zu bedienen, weiss auch so gut, wie leicht es ist, diesen gefährlichen Betrug zu entdecken, dass eine absichtliche Verfälschung des Weines mit Blei-Präparaten kaum mehr vorkömmt."[86] Daraus spricht eine Drohung. Auch die Genussmittel vergisst Fromherz nicht. Über Kaffee schreibt er nicht unkritisch: „Man behauptet, dass die Caffe-Bohnen bisweilen auch dadurch gefärbt werden, dass man sie mit Blei-Kugeln mengt und auf

---

80 Pottasche ist der Trivialname des Kaliumcarbonats. Nach www.wikipedia.de (05.02.2011)
81 Kohlensaurer Kalk ist der Trivialname des Calciumcarbonats. Nach www.wikipedia.de (05.02.2011)
82 Aus Fromherz 1836 S.476f.
83 Das geht aus Ebd., S.472 hervor
84 Bleiglätte ist der Trivialname des Blei(II)-oxids. Nach www.wikipedia.de (05.02.2011)
85 Bleizucker ist der Trivialname des Blei(II)-acetats. Nach www.wikipedia.de (05.02.2011)
86 Aus Fromherz 1836 S.482

Leinwand durcheinander rüttelt. Es ist klar, dass dieses abscheuliche Verfahren den Caffe bleihaltig machen müsste, indem er nur von der Reibung an den Bleikugeln Farbe und Glanz erhalten kann."[87] Ebenso selten sieht er die grüne Färbung von Teeblättern durch kohlensaures Kupferoxyd. [88] Fromherz Hauptanliegen liegt ganz klar auf den Grundnahrungsmitteln und nicht auf den Genussmitteln, so räumt er diesen auch weniger Platz ein.

Natürlich beschäftigt sich auch Herman Klencke mit Grundnahrungsmitteln. Seines und Fromherz Buch überschneiden sich jedoch inhaltlich zu diesen Themen. Wirklich ergänzen kann Klencke die Aufzählung mit seiner Darstellung über Konditoren- und Zuckerwerk: „Die Conditorwaren [...] sind von jeher Gegenstand mannigfacher gesetzwidriger Stoffverbindungen gewesen, da namentlich die dazu verwendeten Farben oft aus heftigen Giften bestanden [...] Von der Gesundheitspolizei sind [...] alle mineralischen Farben [...] Französiche Zuckerwerke [...] sind ebenso oft mit giftigen Farben geschmückt wie, wie die englischen, belgischen, schweizer und deutschen."[89] Die folgende Aufzählung an Giftstoffen in Süßigkeiten erklärt Klenckes Aufgebrachtheit. Zur Dekoration werden wohl Substanzen verwendet wie Kupfer, Zinn, mit arsenigsaures[90] und kohlensaures[91] Kupfer, Bleifarben, Zinnober und viele weitere[92]. Und Klencke warnt: „Da manche Todesfälle, namentlich bei Kindern, in Folge giftiger Coditorwaaren jährlich vorkommen, so ist die Erkennung der giftigen Farben von großer

---

87 Ebd., S.493f.
88 Ebd., S.495
89 Aus Klencke 1858 S.689f.
90 Arsenigsaures Kupfer bezeichnet wohl Kupferarsenid oder Arsenikkupfer. Nach www.wikipedia.de (05.02.2011)
91 Kohlensaures Kupfer bezeichnet vermutlich Kupfer(II)-carbonat, auch unter dem Trivialnamen „Patina" bekannt. Nach www.wikipedia.de (05.02.2011)
92 Nach Klencke 1858 S.690f.

Wichtigkeit."[93] Darin stimmt Klencke mit Fromherz überein, der eine weitere Süßigkeit erwähnt, die heute wohl wichtiger zu bewerten ist, als zu seiner Zeit und die bei Klencke gar nicht erwähnt wird, Schokolade : „ Eine abscheuliche Chocolade-Verfälschung ist im verflossenen Jahre in Bayonne beobachtet worden. Dort fand man nemlich geringe, wohlfiele Chocolade-Sorten mit rothem Quecksilberoxyd[94], Zinnober[95], rothem Bleioxyd[96] und Eisen-Ocker[97] gemengt."[98] Bei der Lektüre dieser Texte kann man sich des Eindrucks nicht erwehren, dass der Verzehr von verarbeiteten Lebensmitteln im 19. Jahrhundert zwangsläufig mit Lebensgefahr verbunden war. Doch sowohl Fromherz als auch Klencke weisen darauf hin, dass besonders „schändliche" Verunreinigungen auch besonders selten sind.

4. Kontamination nach der Produktion

Im Gegensatz zu den Zusatzstoffen in der Lebensmittelverarbeitung sind nachträgliche Kontaminationen durchweg unbeabsichtigt. Sie gelangen auf unterschiedliche Weise in die Nahrung. Teils durch Verpackungsmaterial und Transportbehälter, teils noch im Haushalt durch ungeeignete Behältnisse und Geräte.

4.1 Kontamination durch Verpackung und Transport

Eine der bedeutendsten Verunreinigungen eines Lebensmittels ist Blei im Trinkwasser. Bedeutend deswegen, weil sie bereits seit der Zeit des alten Roms[99] bis heute ein Problem darstellt. „In der Blüte des Römischen

---

93 Ebd., S.691
94 Rotes Quecksilberoxid ist der alte Trivialname des Quecksilber(II)-oxids. Nach www.wikipedia.de (05.02.2011)
95 Zinnober ist die Farbe, die aus dem Mineral Cinnabarit gewonnen wird. Nach www.wikipedia.de (05.02.2011)
96 Rotes Bleioxid ist ein weiterer Name der Bleiglätte (Blei(II)-oxid). Nach www.wikipedia.de (05.02.2011)
97 Eisenocker ist ein Trivialname der Eisenhydroxide. Nach www.wikipedia.de (05.02.2011)
98 Aus Fromherz 1836 S.496
99 Nach Rüdt 1978 S.34 und Eichler 1982 S.50

Reiches wurden Bleirohre für Leitungswasser [...] eingeführt und mit Sicherheit müssen wir annehmen, daß die römische Oberschicht in dieser Periode vermehrt mit Bleirückständen belastet war. Untersuchungen des Bleigehalts von Skeletten aus dieser Zeit bestätigen diesen Verdacht. Darauf stützen sich Theorien, die den Untergang der römischen Weltmachtstellung mit einer schleichenden Bleivergiftung der damaligen Intelligenz in Beziehung setzen." [100] Es ist bekannt, dass Blei eine neurotoxische Wirkung besitzt und Hirnfunktionen einschränken[101] kann, jedoch ist es eine gewagte These, den Untergang des römischen Reichs auf eine kollektive Bleivergiftung zu beschränken, in weiteren historischen Zusammenhängen betrachtet, könnte es jedoch ein interessanter Faktor unter anderen sein. Die Problematik der Bleirohre zieht sich seit den Römern durch die Geschichte. Auch Fromherz berichtet: „Die wichtigste Verunreinigung des Trinkwassers ist die mit saurem kohlensaurem Bleioxyd[102] in Folge des Gebrauchs bleierner Wasserleitungen, oder der Aufbewahrung des Wassers in Bleibehältern."[103]. Und auch heute noch warnt das Bundesamt für Verbraucherschutz und Lebensmittelsicherheit vor der ewig gleichen Gefahr: „Blei in Trinkwasser kann in Altbauten auftreten, in denen noch Wasserleitungen aus Blei eingebaut sind."[104] Doch wie gelangt das Blei eigentlich in das Trinkwasser? „Bei frei durch die Rohre fließendem Wasser sind die Mengen der Ionen gering, dagegen können sie nach längerem Stehen des Wassers in den Rohren der Häuser recht erhebliche Konzentrationen erreichen. Für den Grad der Korrosion sind pH und mitgeführte, aus dem Boden stammende chemische Stoffe (z.B. Calcium) und die Temperatur bedeutsam. Aus den früher viel

---

100   Ebd., S.50
101   Nach Nau 2003 S.111
102   Kohlensaures Bleioxid ist ein weiterer Trivialname für Bleiweiß, also Bleicarbonat. Nach
        www.wikipedia.de (05.02.2011)
103   Aus Fromherz 1836 S.470
104   www.bvl.bund.de (05.02.2011)

verlegten Bleirohrleitungen können erhebliche Mengen Blei in das Wasser gelangen [...] Bleirohre werden als wasserleitende Rohre seit langem nicht mehr verwendet, sind aber in bis 1935 gebauten Häusern in manchen deutschen Gebieten noch anzutreffen."[105] Nun drängt sich die Frage auf, warum noch bis 1935 Bleirohre für Wasserleitungen verbaut wurden, wo doch die Gefahr schon lange bekannt war. Hierauf lassen sich Vermutungen anstellen: Blei ist ein Werkstoff, der sich leicht bearbeiten und einbauen lässt, Bleirohre haben eine lange Tradition und die Bleiionen müssen nicht zwangsläufig ins Wasser gelangen, denn Korrosion lässt sich überwachen. Vielleicht sind das die Gründe, warum noch heute Trinkwasser durch Bleirohre in deutsche Haushalte fließt.

Durchaus schneller wurde gegen Bleivergiftung durch Konservendosen reagiert, da die Folgen verheerender waren. Ein besonders tragisches Beispiel ist die Arktisexkursion unter Sir John Franklin, die im Jahr 1845 mit 129 Mann Besatzung aufbrach und nicht mehr wiederkehren sollte.[106] Zur Verpflegung hatten sie 8.000 Blechdosen an Bord, die „mit einer Legierung aus Blei und Zinn, der sogenannten Lötmasse, versiegelt [waren] [...]Erst 1890, lange nach der Katastrophe, wurde das Verlöten von Konservendosen auf der Innenseite in England per Gesetz verboten."[107] Auch Beattie, aus dessen Jugendbuch „Gefangen im Eis der Arktis" das oben stehende Zitat stammt, zieht den Schluss, dass die Besatzung durch die Bleivergiftung geistig so verwirrt gewesen sein muss, dass sie in den sichern Tod rannten[108]. Auch im Fall der Konservendosen liegt das Problem wohl in der Korrosion. Die Lebensmittel, die darin konserviert werden, greifen Lötstellen und Material an, wodurch Schwermetalle in die Nahrung kommen: „Die Korrosion von Konservendosen kann zu großen

---

105 **Lindner**, Ernst: Toxikologie der Nahrungsmittel. Stuttgart 1990, S.165
106 **Beattie**, Owen u.a.: Begraben im Eis der Arktis. Nürnberg 1992, S.7ff.
107 Ebd., S.58ff.
108 Ebd., S.59f.

Verlusten führen [...] Im einzelnen können [...] folgende Formen der Korrosion festgestellt werden: 1. Äußeres Rosten der Dosen. 2. Bildung von Wasserstoffbombagen bei sauren Füllgütern mit folgender Perforation. 3. Verfärbung des Doseninneren und des Inhalts bei schwefelhaltigen Füllgütern. 4. Erhöhte Metallwerte im Füllgut." [109] Die Konservendosenindustrie reagierte zunächst mit dem völligen Verzicht auf Blei und der Erfindung der Weißblechdose. „Sie besteht aus Stahlblech und einer Auflage aus Zinn. Es gibt Füllgüter, die eben diese Zinnauflage besonders angreifen, man sagt, sie sind aggressiv gegen Zinn. Nun passiert allerdings nichts in der geschlossenen Dose, denn dort herrscht ein Gleichgewicht der chemischen Reaktionen. Sobald aber die Dose geöffnet wird, kommt eine chemische Korrosion in Gang, die letztlich zur Ablösung der Zinnauflage führt." [110] Dagegen werden heute Kunststofflack in den Dosen aufgebracht [111]. Auch wenn diese Lacke vor Belastungen durch Metallionen in Lebensmitteln schützen, so ist doch die Löslichkeit und Wirkung der nun verwendeten Kunststoffe noch wenig erforscht und umstritten.

Neben Konserven finden sich weitere historische Beispiele für bedenkliche Verpackungsmaterialien. „Bei farbigen Bonbonpapieren ist die größte Vorsicht nöthig; selbst schon bei weißen Papieren, indem sie oft mit giftigen Stoffen gemischt sind [...] und namentlich bei feuchtwerdenden Zuckerwaaren gefährlich werden." [112] In diesen Bonbonpapieren fanden sich im 19. Jahrhundert wohl nicht selten Bleiweiß, Mennige und Bleiglätte, Zinnober und Kupfersalze [113]. „Noch gefährlicher sind diejenigen Papiere, welche nicht zu den farbigen Glanzpapieren gehören, sondern ohne

---

109 **Lange**, Hans-Joachim: Untersuchungsmethoden in der Konservenindustrie. Berlin, Hamburg 1972, S.65
110   Aus Rüdt 1978 S.59
111   Nach Lange 1972 S.66f.
112   Aus Klencke 1858 S.694
113   Aufzählung nach Ebd., S.655ff.

blanken Überzug nur bemalt sind; man braucht sie oft zur Ausschmückung von Eßwaren, als Blätter, Unterlagen oder künstliche Blumen. Namentlich die grünen und blauen Papiere enthalten gewöhnlich giftige Farben."[114]

Es mutet fast ironisch an, dass auch durch Reinigung Verunreinigungen in Lebensmittel gelangen können. Winzer im 19. Jahrhundert reinigten das Innere ihrer Flaschen mit Bleischrot, was messbare Spuren hinterließ[115]. Bleischrot wird heute zwar nicht mehr zum Saubermachen verwendet, jedoch ist heute eine andere Art der Reinigung von Lebensmitteln in der Kritik: Rückstände aus Waschwasser sind „für zahlreiche Kulturen, die vor der Vermarktung gewaschen werden wie Wurzelgemüse, Salat, Tomaten, Pilze, Kartoffeln aber auch Äpfel, Birnen usw. möglich. Oft wird recyceltes Waschwasser benutzt, was die Gefahr einer „Kreuzkontamination" beinhaltet. Hohe Wasserlöslichkeit des Wirkstoffes erhöht dabei das Kontaminationsrisiko. Zentrale Aufbereitungsanlagen, die in der Regel auf eine bestimmte Kultur spezialisiert sind, verringern allerdings die Übertragung von Wirkstoffen von einer Kultur auf eine andere via Waschwasser."[116] Eine weitere Gefahr von unbeabsichtigter Kontamination mit Pestiziden sind wiederverwendete Transportkisten für Obst und Gemüse. „Dabei ist der Übergang aus behandelten Holzkisten der wahrscheinlichere Weg. Dieser ist auch für in Deutschland nicht zugelassene Wirkstoffe denkbar. Theoretisch denkbar wäre aber auch die Aufnahme von abstreifbaren Rückständen aus zuvor in dieser Kiste transportierter Erzeugnisse. Nacherntebehandlungen, bei denen Früchte in der Kiste behandelt werden, sind nicht bekannt. Über den

---

114   **Lange**, Hans-Joachim: Untersuchungsmethoden in der Konservenindustrie. Berlin, Hamburg 1972, S.696
115   Nach Fromherz 1836 S.482
116   Aus einer Broschüre des Bundesamts für Verbraucherschutz und Lebensmittelsicherheit 2009 S.13

Kontaminationsweg liegen kaum Informationen vor."[117] Die staatliche Lebensmittelsicherheit hat also viel zu tun. Sobald ein Problem gelöst ist, steht sie vor dem nächsten Rätsel.

4.2 Kontamination durch Weiterverarbeitung im Haushalt

Noch im Privathaushalt können Lebensmittel weiter durch Schwermetalle und sonstige giftige Substanzen belastet und verunreinigt werden. Die modernen Kontrollsysteme, hier sei das Bundesinstitut für Risikobewertung genannt, überprüfen heutzutage streng alle Produkte, die für Verpackung oder Umgang mit Lebensmitteln auf den Markt kommen auf Unbedenklichkeit, haben jedoch keine gesetzliche Gewalt: „Es gibt kein spezielles Zulassungsverfahren für Materialien im Kontakt mit Lebensmitteln. Es gibt aber die bereits erwähnten Anforderungen der EU-Verordnung 1935/2004, die alle Materialien und ihre Bestandteile erfüllen müssen, wenn sie für den Kontakt mit Lebensmitteln verwendet werden sollen. Die Hersteller tragen hierfür die Verantwortung."[118] Die Wirksamkeit dieser Kontrollen zeigt sich in Rückrufaktionen, außerdem sind Verbraucher recht gut darüber informiert, welche Gegenstände zum Kontakt mit Lebensmitteln geeignet sind und welche nicht. Trotzdem sind immer noch viele alte Küchenutensilien und Essservice in Gebrauch, die eigentlich nicht für den Kontakt mit Lebensmitteln geeignet sind. Das sind beispielsweise verzinkte Küchengeräte: „Kartoffelsalat in Zinkwannen oder Limonade in galvanisch verzinkten Eisenkannen, Apfelmus in Zinkgefäßen oder auf verzinkten Drahtsieben getrocknete Früchte führen zu Erbrechen, Übelkeit, Durchfällen und Leibschmerzen. Durch

---

117   **Bundesamt für Verbraucherschutz und Lebensmittelsicherheit (Broschüre):**
       Kontaminationen von Lebensmitteln mit Rückständen von Pflanzenschutzmitteln - Andere
       Ursachen als illegale oder unsachgemäße Anwendung. o.O. 2009, S.13f.
118   Aus www.bfr.bund.de (05.02.2011)

Einwirkung der darin enthaltenen Säuren bilden sich Zinkchlorid und Zinksulfat."[119]

Genauso wie es verzinkte Küchenutensilien gibt, gibt es auch verzinnte. Das Problem ist ähnlich, wie bei den oben beschriebenen Zinnkonserven. Durch saure Lebensmittel, lösen sich Zinnbestandteile heraus und gelangen in die Nahrung. „Es bestehen aber keinerlei Bedenken, wenn das Material außer Zinn keine anderen gesundheitlich bedenklichen Elemente in nennenswerter Menge enthält. Das ist beim Reinzinn auf jeden Fall gewährleistet."[120] Ein so expliziter Hinweis auf Reinzinn macht natürlich hellhörig und tatsächlich sind frühere Verunreinigungen des Zinns nachgewiesen. „Das Zinn, woraus manche Haushaltungs-Geräthe verfertiget, oder womit Kupfer-Gefässe verzinnt werden, ist gewöhnlich mit etwas Blei legiert und meistens auch mit einigen anderen Metallen, namentlich mit Arsenik verunreinigt. Die Menge dieses letzteren Metalls ist zu unbedeutend, als dass von demselben eine nachtheilige Wirkung zu besorgen wäre. Mehr Aufmerksamkeit verdient die Beimischung von Blei."[121] Also Entwarnung für Zinn und ein erneuter Hinweis auf das immer wiederkehrende Schwermetall Blei. Denn Blei- und Cadmiumfarben finden sich auch noch Ende der 20. Jahrhunderts auf bemaltem Deko- und Kindergeschirr[122]. „Weil diese Farben eingebrannt werden, eignen sich wegen der Temperaturbeständigkeit nur anorganische Farben, und wegen ihrer Leuchtkraft fällt die Wahl wieder auf Blei- und Cadmiumverbindungen."[123]

Eine weitere Anwendung von Blei in der Küche ist die Glasur von Porzellan und anderem Steingut. „Und eben diesen Glasuren werden –

---

119   Aus Lindner 1990 S,164
120   Aus Rüdt 1978 S.61
121   Aus Fromherz 1836 S.498
122   Nach Rüdt 1978 S.61f.
123   Ebd., S.63

aus technischen Gründen – häufig Bleiverbindungen, meist als Bleioxid oder Bleiweiß – zugegeben."[124] Sie machen Keramik wasserundurchlässig. Das ist lange gängige Praxis. „Diese Glasur kann nun dadurch der Gesundheit nachtheilig werden, dass sie nicht bei gehöriger Hitze eingebrannt, oder dass das richtige Verhältniss […] nicht getroffen wurde. Eine solche schlecht bereitete Glasur blättert sich leicht ab, und theilt besonders sauren Speisen und Getränken Bleioxyd mit."[125]

Der Vollständigkeit halber soll an dieser Stelle Kupfer nicht fehlen. Nicht weil Kupfer besonders giftig wäre, sondern weil Kupfergefäße beliebt waren und sind und essigsaure Lebensmittel Kupfer zu Grünspan [126] reagieren lasser, der durchaus giftig ist.[127]

Zum Abschluss gibt Fromherz noch einen guten Rat dazu, wie man Vergiftungen verhindern kann: „die Färbung der Oster-Eier verdient hier einige Worte. Es muss strenge untersagt werden, diese Färbung mit Metall-Farben vorzunehmen, schon allein darum, weil kleine Kinder alles, was man ihnen giebt, in den Mund zu bringen pflegen."[128]

5. Fazit

Nach der Beschäftigung mit dem Thema „Anorganische Chemikalien aus der Montan- und Hüttenindustrie in Nahrungsmitteln" lässt sich nur ein ernüchterndes Fazit ziehen: die „Gute alte Zeit" gab es nicht. Seit Menschen andere Menschen mit Lebensmitteln versorgen und besonders wenn sich damit Geld verdienen lässt, werden diese Lebensmittel mit Hilfe von Chemikalien verfälscht, ob nun beabsichtigt oder nicht und in jedem Arbeitsschritt von er Feldfrucht bis in die Küche. Wirklich viel

---

124   Ebd., S.61
125   Aus Fromherz 1836 S.497
126   Grünspan ist der Trivialname von Kupfer(II)-Acetat. Nach www.wikipedia.de
       (05.02.2011)
127   Nach Fromherz 1836 S.465, 468. 498
128   Ebd., S.469

verändert hat sich in den letzten 200 Jahren also nicht. Jedoch ist die Gesetzeslage strenger, was ein Eingreifen ermöglicht, bevor viele Menschen durch kriminelle Aktivitäten zu Schaden kommen, jedoch ist auch der Lebensmittelmarkt größer und unübersichtlicher geworden, außerdem sind neue Substanzen hinzugekommen, die neu bewertet werden müssen, etwa Hormone in der Tierzucht oder Plastikverpackungen.

Es wäre nicht gerecht, alle Hersteller pauschal zu verurteilen. Sicherlich waren und sind sich einige nicht darüber im Klaren, dass sie Nahrungsmittel durch metallische Zusätze „vergiften", jedoch ist die Giftigkeit von Schwermetallen seit langem bekannt. Allerdings ist sie das heute erst recht, trotzdem werden Schwermetalle weiterhin unterhalb gewisser Grenzwerte geduldet. Vielleicht ist das ein Zeichen dafür, dass sich manche Verunreinigungen nicht verhindern lassen und die aktuelle Lebensmittelsicherung bemüht sich nur noch um Schadensbegrenzung. Dieser Gedanke ist zwar beunruhigend, jedoch leben die meisten Konsumenten ja noch.

In der heutigen Gesellschaft kann man diesen Stoffen nicht restlos aus dem Weg gehen. Darum wäre der gesündeste Umgang mit der Situation wohl der, nicht in Angst vor der nächsten Mahlzeit zu leben, die einen womöglich umbringen könnte, aber andererseits aufmerksam und kritisch genug zu sein, sich nicht alles gefallen zu lassen und vor allem nicht alles zu essen.

6. Literatur- und Quellenverzeichnis

Beattie, Owen u.a.: Begraben im Eis der Arktis. Nürnberg 1992.

Bundesamt für Verbraucherschutz und Lebensmittelsicherheit (Broschüre): Kontaminationen von Lebensmitteln mit Rückständen von Pflanzenschutzmitteln - Andere Ursachen als illegale oder unsachgemäße Anwendung. o.O. 2009.

Diehl, Johannes Friedrich: Chemie der Lebensmittel – Rückstände, Verunreinigungen, Inhalts- und Zusatzstoffe. Weinheim 2000.

Eichler, Wolfgang: Gift in unserer Nahrung – Die Brisanz der Umweltgifte in Nahrungsketten. Greven 1982.

Fromherz, Carl: Lehrbuch der medizinischen Chemie – zum Gebrauche bei Vorlesungen, für praktische Aerzte und Apotheker. Freiburg 1836.

Klencke, Hermann: Die Verfälschung der Nahrungsmittel und Getränke, der Kolonialwaren, Droguen und Manufacte, der gewerblichen und landwirtschaftlichen Produkte. Leipzig 1858.

Kuhnert, Peter u.a.: Lexikon Lebensmittelzusatzstoffe – Zusatzstoffe, Enzyme, technische Hilfsstoffe, Nahrungsergänzungsstoffe. Hamburg 2010.

Lange, Hans-Joachim: Untersuchungsmethoden in der Konservenindustrie. Berlin, Hamburg 1972.

Lindner, Ernst: Toxikologie der Nahrungsmittel. Stuttgart 1990.

Macholz, Rainer (Hg.) u.a.: Lebensmitteltoxikologie. Berlin 1989.

Nau, Heinz u.a.: Lebensmitteltoxikologie – Rückstände und Kontaminanten: Risiken und Verbraucherschutz. Berlin, Wien 2003.

Poggendorf, J.C. (Hg.): Annalen der Physik und Chemie. Leipzig 1831.

Rüdt, Ulrich: Essen wir Gift? - Verbraucherschutz durch Lebensmittelüberwachung. Stuttgart 1978.

Souci, S. Walter u.a.: Fremdstoffe in Lebensmitteln – Mit besonderer Berücksichtigung der Konservierung. München 1958.

Vreden, Norbert u.a.: Lebensmittelführer – Inhalte, Zusätze, Rückstände. Weinheim 2008.

Werber, Dr. W.J.A.: Lehrbuch der speciellen Heilmittellehre – für Vorlesungen und Selbststudium. Erlangen 1868.

Internetquellen

http://www.bmelv.de/cln_181/SharedDocs/Standardartikel/Ernaehrung/Si chereLebensmittel/Kennzeichnung/E-Nummern.html (01.12.2010)

http://www.bmelv.de/cln_173/SharedDocs/TextFragmente/Ernaehrung/sic hereLebensmittel/Quecksilber.html (05.02.2011)

http://www.bfr.bund.de/cd/9178 (05.02.2011)

http://www.bmelv.de/cln_173/SharedDocs/TextFragmente/Ernaehrung/sic hereLebensmittel/Cadmium.html (05.02.2011)

http://www.bvl.bund.de/cln_007/nn_495478/DE/04_Pflanzenschutzmittel /psm_node.html_nnn=true (01.12.2010)

http://www.bvl.bund.de/cln_007/nn_494194/DE/01_Lebensmittel/03_Un erwStoffeUndOrganismen/05_Schwermetalle/lm_schwermetalle_basep age.html_nnn=true (05.02.2011)

http://foodwatch.de/kampagnen_themen/mineralwasser/index_ger.html (28.01.2011)

www.wikipedia.org/wiki/Liste_chemischer_Trivialnamen (05.02.2011)

http://www.zusatzstoffmuseum.de/lexikon-der-zusatzstoffe.html
(28.01.2011)